澳門關帝誕

Celebrações de Kuan Tai em Macau

澳門知識叢書

澳門關帝誕

吳一怡　容家俊　董自倫

三聯書店（香港）有限公司
澳門基金會

叢書整體設計　鍾文君
責任編輯　王逸菲
書籍設計　道　轍
書籍排版　楊　錄

叢 書 名　澳門知識叢書
書　　名　澳門關帝誕
作　　者　吳一怡　容家俊　董自倫
聯合出版　三聯書店（香港）有限公司
香港北角英皇道 499 號北角工業大廈 20 樓
澳門基金會
澳門路環紅荷路 108 號政府（路環）辦公大樓 7-9 樓
香港發行　香港聯合書刊物流有限公司
香港新界荃灣德士古道 220-248 號 16 樓
版　　次　2024 年 12 月香港第 1 版第 1 次印刷
規　　格　特 32 開（120 mm × 203 mm）104 面
國際書號　ISBN 978-962-04-5562-9

Published in Hong Kong, China

總序

對許多遊客來説，澳門很小，大半天時間可以走遍方圓不到三十平方公里的土地；對本地居民而言，澳門很大，住了幾十年也未能充分了解城市的歷史文化。其實，無論是匆匆而來、匆匆而去的旅客，還是"只緣身在此山中"的居民，要真正體會一個城市的風情、領略一個城市的神韻、捉摸一個城市的靈魂，都不是一件容易的事情。

澳門更是一個難以讀懂讀透的城市。彈丸之地，在相當長的時期裡是西學東傳、東學西漸的重要橋樑；方寸之土，從明朝中葉起吸引了無數飽學之士從中原和歐美遠道而來，流連忘返，甚至終老；蕞爾之地，一度是遠東最重要的貿易港口，"廣州諸舶口，最是澳門雄"，"十字門中擁異貨，蓮花座裡堆奇珍"；偏遠小城，也一直敞開胸懷，接納了來自天南海北的眾多移民，"華洋雜處無貴賤，有財無德亦敬恭"。鴉片戰爭後，歸於沉寂，成為世外桃源，默默無聞；近年來，由於快速的發展，"沒有什麼大不了的事"的澳門又再度引起世人的關注。

這樣一個城市，中西並存，繁雜多樣，歷史悠久，積澱深厚，本來就不容易閱讀和理解。更令人沮喪的是，眾多檔案文獻中，偏偏缺乏通俗易懂的讀本。近十多年雖有不少優秀論文專著面世，但多為學術性研究，而且相當部分亦非澳門本地作者所撰，一般讀者難以親近。

有感於此，澳門基金會在 2003 年“非典”時期動員組織澳門居民“半天遊”（覽名勝古跡）之際，便有組織編寫一套本土歷史文化叢書之構思；2004 年特區政府成立五周年慶祝活動中，又舊事重提，惜皆未能成事。兩年前，在一批有志於推動鄉土歷史文化教育工作者的大力協助下，“澳門知識叢書”終於初定框架大綱並公開徵稿，得到眾多本土作者之熱烈響應，踴躍投稿，令人鼓舞。

出版之際，我們衷心感謝澳門歷史教育學會林發欽會長之辛勞，感謝各位作者的努力，感謝徵稿評委澳門中華教育會副會長劉羨冰女士、澳門大學教育學院單文經院長、澳門筆會副理事長湯梅笑女士、澳門歷史學會理事長陳樹榮先生和澳門理工學院公共行政高等學校婁勝華副教授以及特邀編輯劉森先生所付出的心血和寶貴時間。在組稿過程中，適逢香港聯合出版集團趙斌董事長訪澳，知悉他希望尋找澳門題材出版，乃一拍即合，成此聯合出版之舉。

澳門，猶如一艘在歷史長河中飄浮搖擺的小船，今天終於行駛至一個安全的港灣，“明珠海上傳星氣，白玉河邊看月光”；我們也有幸生活在“月出濠開鏡，清光一海天”的盛世，有機會去梳理這艘小船走過的航道和留下的足跡。更令人欣慰的是，“叢書”的各位作者以滿腔的熱情、滿懷的愛心去描寫自己家園的一草一木、一磚一瓦，使得吾土吾鄉更具歷史文化之厚重，使得城市文脈更加有血有肉，使得風物人情更加可親可敬，使得樸實無華的澳門更加動感美麗。他們以實際行動告訴世人，“不同而和，和而不同”的澳門無愧於世界文化遺產之美譽。有這麼一批熱愛家園、熱愛文化之士的默默耕耘，我們也可以自豪地宣示，澳門文化將薪火相傳，生生不息；歷史名城會永葆青春，充滿活力。

吳志良

二〇〇九年三月七日

目錄

導言

澳門作為中西文化共融之地，不同的民風習俗異彩紛呈。四百多年來，多元文化在澳門扎根滋長，造就了澳門獨特的文化景觀，同時，形成了澳門珍貴的非物質文化遺產。為保護澳門非物質文化遺產，2017 年，澳門文化局首次進行擬訂非物質文化遺產清單的程序，將 15 個項目列入清單。2020 年 6 月，澳門非物質文化遺產清單更新，新增 55 個項目。現時，列入澳門非物質文化遺產清單的項目共有 70 個，其範圍包括：傳統及口頭表現形式；藝術表現形式及屬表演性質的項目；社會實踐、宗教實踐、禮儀及節慶；有關對自然界及宇宙的認知、實踐，以及傳統手工藝技能。由此足見，澳門非物質文化遺產百花齊放，各具特色。

2020 年，關帝誕被列入澳門非物質文化遺產清單。關帝誕是一項大眾廣泛參與、備受推崇的節慶活動，所以被歸納為非物質文化遺產的“社會實踐、宗教實踐、禮儀及節慶”範疇。對澳門關帝誕進行梳理和研究，有助於澳門非物質文化遺產的傳承和發展。關帝因其忠義勇武被尊為道教神祇，是華人的心靈寄託和傳統信仰。關帝誕並非中國獨有的節慶，世界各地的華人社群亦持續地慶祝關帝誕。澳門關帝誕自古以來便有系統的賀誕活動，如廟宇在門外懸掛花牌，吸引信眾上香；大演神功戲，神民同樂；演奏八音，村民同慶；關帝神像沿街巡遊等。上述的賀誕活動雖然現今在規模和形式上略有改變，但澳門信眾對關帝誕的熱情仍然不減。

關帝文化在澳門既一脈相承，又開枝散葉。澳門有眾多以關帝為主神或供奉關帝的廟宇。以關帝為主神的廟宇有三街會館（關帝古廟）、原龍田村武帝廟、氹仔關帝殿天后宮（卓家村關帝廟）等。在澳門，關帝被奉為財神、行業神和保護神，其信眾類型十分多元。市民、商人、警務人員、運動員、武術精英，甚至“黑白兩道”等都虔誠篤信關帝，樂在其中。關帝誕在澳門具有廣泛的影響，不少群體和社團自主地慶祝關帝誕，如警務人員、體育和武術社團、街坊互助會等，他們組織舞龍、舞獅表演，設宴聯歡，舉辦文娛表演等賀誕活動。可見，關帝忠義勇武、行俠仗義、保佑平安、廣進財源的形象，深入民心。澳門亦有不少促進關帝文化傳播的社團，他們通過舉辦多元的活動推廣關帝信仰，使關帝信仰成為澳門的文化符號。關帝信仰活動是關帝誕持續傳承的中堅力量，推動了關帝文化在澳門深入發展。

筆者們希望通過搜集與整理文獻，以及對相關廟宇進行訪問，展現澳門關帝誕的獨特面貌。最後，謹以此書，獻給所有關心和珍愛澳門的人，希冀未來我們能攜手合作，保護和傳承澳門的非物質文化遺產，使這寶貴的文化遺產永葆生機、充滿活力。

通 財 義

關羽與關帝信仰

《三國志·蜀書·關羽傳》記載，關羽，字雲長，本字長生，河東解人。關羽的生辰不詳，歷代眾說紛紜。清康熙十九年（1680）《前將軍關壯穆侯祖墓碑銘》稱，關羽生於“桓帝延熹三年六月二十四日”，明崇禎二年（1629）《祀田碑記》和清乾隆二十一年（1756）《解梁關帝志》，則記載關羽生於桓帝延熹三年（160）六月二十二日。

關羽的簡介

關羽是“河東解人”，即今山西省運城市人，其故里是山西運城鹽湖解州常平村。清康熙年間，盧湛的《關聖帝君聖跡圖志全集》記載了關羽世系的故事。一

《三才圖會》的關羽像

位名叫于昌的儒生，遵照關羽在夢中的指示，在常平村關羽故宅的井中挖掘出幾塊有文字的井磚，後將井磚呈給當時山西解州州守王朱旦。王朱旦洗淨井磚，辨認出井磚所記載的是關羽世系。根據王朱旦所撰的《漢前將軍壯繆侯關聖帝君祖墓碑記》，關羽的祖父名為關審，字問之，生於漢和帝永元二年（90），卒於桓帝永壽三年（157）。關審喜愛研究《易傳》和《春秋》，以這兩部書教導子孫數十年。關羽的父親名為關毅，字道遠，有孝道，能繼承祖志，刻苦讀書。自此，常平村的關氏家族耕讀傳家，以《春秋》訓育子孫。《三國志》稱關羽"長而好學，讀《左傳》略皆上口"。關羽以《左傳》立身，建立其"忠、義、仁、勇"的人生觀與世界觀。

"忠"是對民族、國家、君主忠誠。中國古代社會講求三綱五常，君臣、父子、夫妻之間各有道德倫理，相處之間以"義"維持人倫秩序。"仁"是仁愛，對人民抱有仁愛之心，方能維繫和諧穩定的人際關係。"勇"是自強不息、獨立不懼，為國盡忠是"勇"，殺身成仁也是"勇"。"忠、義、仁、勇"被中華民族認定為理想人格，這四種品格在關羽的生命中完美地彰顯出來。

青年時期的關羽因除惡揚善而亡命涿郡。清人梁章鉅的《歸田鎖記》解釋了關羽逃亡的原因。一個晚上，關羽在園中散步時，聽到一對父女的哭聲。關羽問他們發生何事，父親哭訴其女兒被當地縣令的舅爺強行娶為

成都武侯祠的關羽塑像

妾侍。這名父親將此事上告縣令，卻反被縣令叱罵。關羽聽後義憤填膺，英勇地殺死縣令和他的舅爺，從此開始逃亡之旅。

東漢末年，朝政動盪，地方豪強和軍閥為非作歹，連年災荒，冀州人張角以太平道為名，領導黃巾軍起義。東漢朝廷下令徵召各地地主武裝，合剿黃巾軍。中山靖王劉勝後裔劉備在涿郡組建武裝，亡命涿郡的關羽和張飛前往投靠劉備，三人"桃園結義"，"寢則同床，恩若兄弟"。關羽以"義"為先，從此追隨劉備，成為蜀漢名將，以復興漢室為大任。

建安五年（200），曹操親自東征，劉備不敵曹操，撇下家眷，投奔冀州袁紹。關羽正駐守下邳城，寡不敵眾，被曹操俘虜，押解至許昌。曹操欣賞關羽，便拜其為偏將軍。同年四月，袁紹派部將顏良大舉南進，進攻曹操的重要軍事據點白馬。曹操派張遼、關羽為先鋒，率先展開攻擊。兩軍對壘，關羽策馬直衝，刺殺顏良，斬下其首級。為此，曹操上表漢獻帝請封關羽為“漢壽亭侯”。“斬顏良解白馬之圍”後，關羽認為已經報答曹操的厚遇，他不為名利動心，便拜書告辭。關羽對劉備的忠心，使曹操以統治者立場認同了關羽的行為價值。

建安二十四年（219），是關羽“勇”的品格發揮到極致的一年。關羽親率大軍北上攻取襄陽、樊城。曹操聞訊後，先派汝南太守滿寵率軍援助曹仁，又遣于禁等率七軍增援。八月，連降暴雨，漢水大漲，于禁率領七軍和曹仁部將龐德所部都被洪水圍困。關羽指揮水軍攻擊曹軍，戰鬥異常激烈。最後，于禁七軍投降，龐德被俘殺。關羽驍勇善戰的英雄氣概威震華夏。從此，三國的均衡局面被打破。消息傳到許昌，曹操軍事集團非常恐慌，曹操急派徐晃督大軍增援曹仁，解樊城之圍。十月，關羽與曹軍激戰之際，孫權與呂蒙、陸遜等密謀，乘關羽主力軍北上，偷襲公安、江陵，誘降將軍傅士仁、麋芳。關羽聞南郡失守，急率輕騎南還。十二月，關羽在行進到距離江陵約八十公里的麥城時，陷入東吳

洛陽關林的關羽像

明代《關羽擒將圖》

埋伏，與其子關平被俘。

劉備在荊州的軍事力量覆滅後，荊州盡歸孫吳。孫權割下關羽頭顱，獻給曹操。曹操敬慕關羽的人格和威勇，所以追贈他為“荊王”，刻沉香木為軀，以王侯之禮，葬於洛陽城南十五里處，前為祠廟，後為墓塚，即“頭枕洛陽”。孫權將關羽首級獻給曹操後，按諸侯之禮，將他的屍骸葬於當陽城西北三公里處，稱為“大王塚”，即“身臥當陽”。關羽被殺後，蜀漢在成都為其建衣冠塚，以招魂祭祀，即後世民間所說的“魂歸故里”。

《三國志》記載，關羽曾經在作戰中被流矢射中左臂，治療以後，雖然痊癒，可每到陰雨天，常常徹骨疼痛。醫生為關羽刮骨去毒時，關羽照樣喝酒吃肉，談笑自若。從此，關羽錚錚鐵骨、傲立千秋的形象，通過後世小說、戲曲渲染，更加熠熠生輝。隨著《三國志》的問世，關羽“忠義仁勇”的高尚人格成為一座歷久彌堅的精神豐碑，廣受中華民族的推崇與愛戴。

關帝信仰 —— 從人到神

從關羽到“關帝”，是一個由凡人轉為神明的過程，也是一個多元共構的歷史文化進程。北宋末年起，歷代帝王出於政治需要，相繼敕封關羽，從“公”到“王”到“帝”，關羽在中國神靈譜系中的地位不斷提升。儒、釋、道三教的推波助瀾，以及民間宗教的渲染造勢，都在這個過程中發揮了不可或缺的重要作用。

關帝的全稱是關聖帝君，又名伏魔大帝、蓋天古佛和協天大帝等，民間多稱其為關公、關帝爺和關老爺等。關羽的神化是從他戰死沙場開始，主要流行在其殉難的荊州地區。《三國志》記載了關羽殉難的過程，“權遣將逆擊羽，斬羽及子平於臨沮”。中國鬼神文化有善惡之分，由此產生出祀奉惡神厲鬼的“祀厲”習俗，以及敬奉善靈正神的“祀正”習俗。對於古代將士的戰死處，民間會自發形成一種祭祀，以防戰死後的名人化身成為“厲鬼”，擾亂當地居民。荊州人最初對關羽的敬奉，即屬於“祀厲”習俗。因此，在關羽最後的奮戰處，即臨沮（今湖北遠安一帶）、當陽（今湖北當陽）、江陵（今湖北荊州）等處，逐漸形成以當陽玉泉山為中心的關帝信仰圈。

關帝信仰——從“公”到“王”到“帝”

由於長期的封建割據和連綿不斷的戰爭，魏晉南北朝形成了一種崇武尚勇的時代潮流。威震華夏、忠義雙全的關羽成為這一時期戰將們爭相傳頌和效仿的英雄楷模。《晉書·苻生載記》稱，前秦將領王飛、鄧羌、彭越、范俱難、徐盛等人的驍勇權略，都可以與三國時期的關羽、張飛比肩。可見，關羽的英雄事跡開始被後世傳頌。隋唐時期，國家政治重新統一，經濟、文化繁榮發展，需要建立精神的標杆和道德尺度，關羽的“忠義仁勇”的道德精神便被人們日益推崇和神化。

唐代自安史之亂後，皇室衰微，地方藩鎮割據，政局出現混亂的局面。關羽作為忠節大義的武將代表，受到唐代君主的褒獎，配祀武廟，為藩臣樹立忠貞不二的武將榜樣。上元（唐肅宗）元年（760），安史之亂正處於關鍵時期，唐肅宗尊封姜太公為武成王，太公廟自此正式改稱為武成王廟。建中三年（782），唐德宗在武廟列古今名將六十四人配祀，關羽作為歷史名將之一，被配享其中，位居左列第十五。

關羽生前的封爵並不高，因曹操的舉薦，漢獻帝封關羽為“漢壽亭侯”，死後四十一年，蜀漢景耀三年（260），後主劉禪追謚他為“壯繆侯”。北宋初年，宋太祖趙匡胤在建隆三年（962）修武成王廟，從祀者有七十二人，關羽亦位列其中。翌年，宋太祖趙匡胤考慮到關羽最後被敵國所擒殺，功業未竟，所以撤出從祀，後又重祀。直至北宋末年，關羽的地位才真正得到確立和鞏固。自宋徽宗起，趙氏君主利用民間對關羽的推崇，要求民眾以忠義勇烈的關羽為榜樣，從而維持搖搖欲墜的統治。宋徽宗崇信道教，自詡為“道君皇帝”，在位二十五年，曾晉封關羽四次之多。宋徽宗在道教天

日本浮世繪中的關羽

師張繼先平定鹽池水患後，崇寧三年（1104）敕封關羽為"崇寧真君"，至此，關帝被演繹成道教的天神。大觀二年（1108）加封為"昭烈武安王"，宣和五年（1123）加封為"義勇武安王"，配享武王廟。至此，關羽由"侯"晉升為"公"，由"公"晉升為"王"。宋皇室南渡後，金兵仍時常侵擾，戰火不斷，關羽作為"武安王"，成為國家意志的表現。淳熙十四年（1187），宋孝宗加封關羽為"壯繆義勇武安英濟王"，南宋末年，特封為"忠壯義勇武安英烈王"，以達到告慰荊門軍旅，顯揚烈士精神的目的。宋皇室藉助關羽的神威，穩定民心，抵抗金兵和鞏固社稷。

元朝是中國歷史上第一個由少數民族建立的大一統王朝，在政治上採用“民分四等”的民族歧視政策，但蒙古統治者對各種思想、三教九流都一視同仁地崇奉。元人熊夢祥的《析津志輯佚》記載：“武王廟，南北二城約有二十餘處，有碑者四……。國朝常到二月望，作遊皇城，建佛會，須令王監壇。”“析津”是元大都的舊稱。當時，元大都的南城和北城建有關廟二十餘座，在“遊皇城”活動中，關羽有監壇之神的特殊功能。天曆元年（1328），元文宗加封關羽為“顯靈義勇武安英濟王”，同時，在地方上也興起關羽祠祀的高潮，在州、縣、鎮、村都建有關廟。

有關關羽得到明太祖尊崇的原因，明末王圻的《續文獻通考》有記載一傳説。書載朱元璋與陳友諒在鄱陽湖決戰時，關羽曾率領十萬陰兵助戰，才得以平定天下。永樂九年（1421），明成祖遷都北京後，便修建關廟，立為國家祀典。成化十三年（1477），明憲宗在宛平縣的東面建關廟，俗稱為“白馬關帝廟”。嘉靖三十四年（1555），唐順之在《常州新建關帝廟記》中講述，在關羽的保佑下，官員趙文華、胡宗憲順利擊敗倭寇，值得注意是文中對關羽的尊稱，已經從“關王”升格為“關帝”。萬曆十八年（1590），明神宗加封關羽為“協天護國忠義大帝”，全國更掀起興建關帝

西安碑林的關平像

廟的高潮。萬曆四十二年（1614），又加封關羽為“三界伏魔大帝”，明神宗派遣“司禮監太監李恩賫捧九旒冠、玉帶、龍袍、金牌，牌書‘敕封三界伏魔神威遠鎮天尊關聖帝君’，於正陽門祠，建醮三日，頒知天下”。從此，關帝身著帝王冠冕，尊享帝王的祭祀禮儀，其地位與孔子等齊，孔子為“文帝”，孔廟稱“文廟”，關羽為“武帝”，關帝廟稱“武廟”。從明代起，關羽有了“關聖帝君”的尊稱，明神宗加封其夫人為“九靈懿德武肅英皇后”，加封其長子關平為“竭忠王”，次子關興為“顯忠王”。

《三國演義》中的關羽和隨侍周倉

清代歷朝君主對關羽相當尊崇。因為滿族出身於遊牧民族，崇尚武力，對關羽有一種“戰神”崇拜。滿族作為異族統治中原，為尋求漢族百姓認同，遂提高關羽的信仰地位，以達到鞏固政權、宣揚忠君思想、護國佑民的目的。順治九年（1652），加封關羽為“忠義神武關聖大帝”。雍正三年（1725），追封關羽祖上三代為公爵，其曾祖為“光昭王”，祖父為“裕昌王”，父親為“成忠王”，供後殿，增加春秋二祭。《增修酉陽直隸州總志》記載，雍正八年（1730），雍正帝“又特指尊帝廟為武廟，詔於五月十三日誕期特祀，每歲動支帑銀三十兩，於是天下群邑，每歲三祀以為常，禮秩之隆，與至聖先師埒矣”，親自為祭祀關廟撰寫《敕建關帝廟後殿崇祀三代碑文》，稱關羽能“福國庇民，禦災捍患”，所以晉封其列祖列宗為王。從順治、雍正、乾隆、嘉慶，到道光、咸豐、同治、光緒八代皇帝對關羽層層加封，最後其封號竟長達“忠義神武靈佑仁勇威顯護國保民精誠綏靖翊贊宣德關聖大帝”二十六字。

在民間，晉商在明清時期崛起成為中國第一大商幫，晉商的會館在各大商業重鎮開設，遍及全國。會館往往供奉關帝，一方面借重關帝的信義之名，維持商業競爭的良好秩序，另一方面標榜關帝的武力，以期求取商事活動的安全順利，由此形成關帝的武財神信仰。

晚清至民國以來，華人移民潮興起，關帝信仰隨之傳入海外的華人社區。關帝廟成為移民在海外聯誼、幫扶、維權的一個中心。關帝的忠義人格和神武魅力，為遠赴他鄉的中華遊子提供了精神寄託。關帝忠義誠信的形象，使其倍受各行各業的尊崇，如文人以其愛讀春秋，秉持大義，尊為關夫子；商人以其誠信不二，重義疏財，奉為行業神、全財神；軍人以其勇冠三軍，義不負心，奉為武聖人；幫會以其義結金蘭，行俠仗義，崇為俠義典範，奉為關二哥、關老爺等。

陶製關羽像

儒釋道三教中的關帝

清代，一所關帝廟的對聯載有“儒稱聖，釋稱佛，道稱天尊，三教盡皈依。式詹廟貌長新，無人不肅然起敬；漢封侯，宋封王，明封大帝，歷朝加尊號。矧是神功卓著，真所謂蕩乎難名。”這副對聯概括了關帝在儒教、佛教和道教三教中的尊崇地位。在儒士們看來，關帝是儒教聖人，《三國志·關羽傳》記載：“羽好《左氏傳》，誦讀略皆上口。”關帝喜愛閱讀儒家五經之一的

《春秋》，而且能流利地背誦。清朝時，關帝被視為“文衡帝君”，能保佑考試者取得滿意的成績，關帝仁義忠順的品德更是儒家綱常倫理的典範。關帝信仰契合將儒家傳統發揚光大的需要，所以演進為全民崇拜的“護國佑民”的神祇。

在佛教中，關帝被稱為“伽藍尊者”或“伽藍護法”，“伽藍”是“僧院”或“僧園”的意思，即關帝為寺院的護法。根據唐貞元十八年（802）的《荊南節度使江陵尹裴公重修玉泉關廟記》記載，隋開皇十二年（592），智顗禪師到玉泉山勘察建寺地址時，關羽突然顯現，表示願意主動捨山，協助建寺，這就是關羽在“玉泉山顯靈”的著名故事。南宋《佛祖統紀·智者傳》記載，有一個智者想在荊州創建寺廟，關羽便顯靈，表示願意協助其建寺，護持佛法。寺廟建成後，關羽向智者大師請求受戒，願為護法，大師遂為其授五戒，從此關羽成為佛教的“伽藍護法神”。在道教中，關帝被稱為“關聖帝君”，有驅趕妖魔的作用。在道教興盛的宋代，宋徽宗對關帝一共進行四次加封，分別在崇寧元年（1102）封為“忠惠公”，崇寧二年（1103）封為“崇寧真君”，大觀二年（1108）封為“昭烈武安王”，宣和五年（1123）封為“義勇武安王”。由於關帝信仰與道教的聯繫逐漸緊密，關帝被正式納入道教的神譜體系。

荷華寺伽藍菩薩

萬事勝意
澳門鴻盛文娛體育會
敬

澳門關帝信仰和關帝誕

澳門專門供奉關帝的廟宇有三街會館（關帝古廟）、原龍田村關帝廟、氹仔關帝殿天后宮（卓家村關帝廟）。附祀關帝的廟宇則較多，有蓮峰廟、九澳村內的三聖宮、路環三聖宮、普濟禪院、菩提園等。

澳門的財神、行業神和保護神

時至今日，關帝在澳門仍然是一位影響深遠的道教大神，其作為財神、行業神和保護神，廣受澳門信眾的推崇。《路氹掌故》記載，澳門財神主要有四位，分別是關帝、財帛星君、趙公明和四方財神。關帝位列其一，所以商戶和生意人，甚至是江湖人物，都會祀奉關帝，以保佑財源廣進，平安生財。關帝是澳門影響最大的行業神之一，又屬於保護神。《廟宇叢考》稱，澳門的商業機構、保安、警察及一些從事“撈偏門”的人都奉關帝為行業神。行業神主要有三種功能：第一，團結同業，增加同業的自豪感；第二，通過供奉名人為行業神，抬高本行業的社會地位；第三，業者祈求祖師能佑護該行業發揚光大。可見，關帝忠誠信義、行俠仗義、威武善戰的形象，深入人心。所以澳門商界、警界和江湖人士都尊奉關帝為行業神，藉此團結同業，增加自豪感，抬高行業的社會地位，保護自身的安全。

澳門關帝信仰的習俗和活動

關帝信仰深刻體現在澳門人的日常生活中，形成各種不同的傳統習俗。早年，每當澳門暴發疫症，廟宇會抬關帝神像出巡，以鎮壓四方，驅除疫魔。1938 年，澳門遭遇霍亂流行，關帝、包公、華陀、南山等四神木像出巡，善男信女圍堵在路上，設香燭以迎。1930 年至 1951 年，腦膜炎在澳門流行，市民迎接關帝及各種神佛的神像出遊。同一時期，澳門出現“斬雞頭誓願”的習俗，市井之人凡遇有不能解決的事，當事人會在關帝像前上香，由雙方合資購雄雞一隻，準備元寶香燭、菜刀、砧板，在黃紙上寫誓詞，當事人各誦誓詞，隨後將黃紙焚於神前，由誓願的一方舉刀將雞頭斬下，儀式

《世界關帝文化攝影展》在澳門陸軍俱樂部展出

《世界關帝文化攝影展》剪綵儀式

便告完畢。近年，澳門已鮮見這種習俗。以往澳門的博彩娛樂場同樣信奉關帝的神力，一般人供奉的關帝神像都不點睛，而某些娛樂場的關帝神像則會點睛，因為他們認為點睛的關帝神像才夠殺氣，“大殺四方”。另外，有信眾為了讓孩童們平安長大，普遍習俗是讓孩童契認一位神佛以求根基長養，其中最常見的是女孩契觀音，男孩契關帝。

除了關帝誕，澳門大眾在平日亦積極地舉辦或參與關帝信仰相關活動。關帝信仰活動成為關帝誕在澳門持續傳承且盛行的中堅力量，使關帝信仰成為澳門的文化符號。由於篇幅關係，未能詳述澳門的關帝信仰活動，以下只能作部分舉例。

2009 年 10 月，為弘揚關帝文化，以及慶祝中華人民共和國建國六十周年和澳門特別行政區成立十周年，澳門基金會、湖北省海外聯誼會、湖北省非洲民間商會聯合主辦《世界關帝文化攝影展》。時任湖北省統戰部副部長汪夢軍表示，世界各地的關公來到澳門，必定為澳門帶來財運和祥和。澳門各界人士和旅客絡繹不絕地前來參觀該展覽。該展覽被新華社，港、澳、台以及海內外媒體廣泛宣傳。《澳門日報》連續三天刊登圖文並茂的展覽新聞。該展覽提高了關帝信仰在澳門的社會地位，促進了澳門與湖北省在弘揚關帝文化上的緊密合作，加強了海內外華人對關帝文化的交流和研究。

恭迎山西運城關公銅像蒞澳揭幕典禮

2019 年 10 月 14 日，“山西解州關帝祖廟——澳門傳承關公文化協會聖像開光分靈儀式”在常平關帝家廟舉行。在第三十屆關公文化節上，關帝祖廟向澳門傳承關公文化協會頒發“關公文化交流基地”牌匾。10 月 23 日，關帝祖廟開光分靈的關帝聖像在氹仔關帝殿天后宮（卓家村關帝廟）進行聖像蒞澳的揭彩暨安座儀式。10 月 24 日，慶祝新中國成立七十周年、澳門回歸祖國二十周年暨澳門傳承關公文化協會成立儀式、恭迎山西運城關公銅像蒞澳揭幕典禮，在氹仔關帝殿天后宮（卓家村關帝廟）前舉行。澳門傳承關公文化協會會長張潮傑稱，其會旨是推廣關帝文化到澳門，讓澳門人秉承忠義仁勇的關公精神，積極融入國家發展大局，祈望未來以關公文化為紐帶，促進澳門與山西的關公文化學術互動。山西省政府港澳辦主任代表宋英民表示，相信

關帝文化足球會的會徽

山西運城關公聖像落戶澳門後，關公文化將會在社區成為一種文化符號，促進澳門與山西的關公文化互動，實踐愛國愛澳、利國利民的宏舉，共創和諧的社會。澳門的關帝文化活動多與國慶、澳門回歸等重大日子同時慶祝，一方面提高了關帝文化在澳門的地位，另一方面，使澳門與國家普天同慶。

2020 年 9 月，澳門國際關公文化促進會舉行會員大會，表示將通過不同的活動推廣關帝聖君精神與文化，並配合澳門政府傳承與發揚關帝誕的精神內涵。澳門亦有以關帝命名的足球會，如關帝文化足球會。該會在 2010 年榮升澳門甲組足球聯賽，在宣傳關帝文化的同時，亦促進澳門的體育事業發展。關帝文化通過不同類型的社團活動在澳門得到推廣和傳揚。

澳門關帝誕

關帝誕是澳門的特色民俗賀誕活動，澳門供奉關帝的廟宇甚多，信眾甚廣。每年的關帝誕，許多供奉關帝的廟宇、神壇都會舉辦祭拜儀式，而供奉關帝為主神的廟宇更會隆重地舉辦賀誕活動。根據聯合國教科文組織頒發的《保護非物質文化遺產公約》，"非物質文化遺產"的定義包括以下方面：

1. 口頭傳統和表現形式，包括作為非物質文化遺產媒介的語言；
2. 表演藝術；
3. 社會實踐、宗教實踐、儀式和節慶活動；
4. 有關自然界和宇宙的知識和實踐；
5. 傳統手工藝。

澳門關帝誕符合"社會實踐、宗教實踐、儀式和節慶活動"的內容，原因有三。在社會實踐方面，關帝信仰在澳門根深蒂固，廟宇、商舖、社團，乃至許多住戶都供奉關帝像，信眾頗多，橫跨澳門、全國乃至全球，具有深厚和扎實的社會基礎；在宗教實踐方面，在儒教、佛教和道教的推動下，關帝信仰的影響範圍不斷延伸，其宗教功能亦被拓展，如司福祿、佑科舉、治病症、消災禍、誅叛逆、招財寶、庇商賈等；在儀式和節慶活動方面，每逢關帝誕，澳門諸多供奉關帝的廟宇、社團、商舖、信眾都積極地舉辦和參與各類賀誕活動，呈現出一片盛大和喜慶的景象。

澳門關帝誕誕期

關帝誕的誕期在澳門眾説紛紜，廟宇大多以農曆五月十三日、六月廿四日兩日為誕期。《澳門風物志》稱，每年農曆五月十三日，俗稱關帝誕。《澳門廟宇叢考》記載，三街會館（關帝古廟）以農曆五月十三日為關聖帝君寶誕。蓮峰廟的神誕表以農曆五月十三日為“關聖帝君誕”，以農曆六月廿四日為“關帝誕”。呂祖仙院的神誕表記載，農曆五月十三日、農曆六月廿四日均為關帝誕。氹仔關帝殿天后宮（卓家村關帝廟）的廟祝稱，按廟內經文記載，農曆六月廿四日為“關帝誕”，農曆五月十三日為“關平太子誕”。因此，氹仔關帝殿天后宮（卓家村關帝廟）的郵箱明確標示出“關帝誕”和“關平誕”的誕期，方便善眾前往參拜。另外，又有農曆九月初九為“關帝飛昇寶誕”一説。

仁勇關聖帝君

澳門廟宇的賀誕活動

澳門關帝誕在組織、參與的活動群體和賀誕活動方面均十分多元。《澳門風物志》指，往昔的關帝誕“澳門有關廟殿，香火均比平時旺盛；一些體育團體更舉行慶祝活動，除進香外，還舞獅採青，酒樓聚餐。公局新市南街的關帝廟（即澳門關帝古廟），往昔誕期尤為熱鬧，在廟前空地搭棚上演神功戲或演唱粵曲；進香者還有警察局偵緝部同人”，又稱警務人員和“黑社會人馬”都會供奉關帝，這在澳門是一個有趣的現象。

現時，澳門慶祝關帝誕的組織群體以廟宇為主，如以供奉關帝為主神的澳門三街會館（關帝古廟）、氹仔關帝殿天后宮（卓家村關帝廟）。為深入了解澳門關帝誕慶誕活動，筆者們到澳門三街會館（關帝古廟）、氹仔關帝殿天后宮（卓家村關帝廟），以及原龍田村武帝廟（原來位於龍田村，後遷至普濟禪院內）進行訪問。因為以關帝作為廟宇名稱，或奉關帝為主神的廟宇，一般對關帝的崇拜較深。由於普濟禪院內的武帝廟現處於閒置狀態，所以筆者們改為訪問普濟禪院的武帝殿。普濟禪院作為澳門三大古剎之一，香火鼎盛，亦可見現今信眾拜祀關帝的情況。

三街會館（關帝古廟）

三街會館，又名關帝古廟，位於澳門議事亭前地左側，靠近營地大街。三街會館初設時，只是商人議事的場所。營地大街、關前街與草堆街為澳門古老的商業中心，舊時華人商賈多集中在此經營貿易，為穩定商業秩序，三街商人常聚一起溝通商情，平抑物價。初時，商人議事場所多選在重要的廟宇，如媽閣廟、蓮峰廟等，後專設三街會館。據關帝古廟碑記，“前於蓮峰之西，建一媽閣，於蓮峰之東，建一新廟，雖客商聚會議事有所，然往往苦其遠，而不與會者有之”。“華人商賈，所以通貨財，平競爭，聯情好而孚眾志者，亦不可無地以會之，此三街會館之所由設也”，由此可知三街會館成立的背景。

三街會館的建築規模和始建年月無從考證。僅能從重修碑記中，知最遲建於清乾隆年間，此後歷經數

三街會館（關帝古廟）

次大修，形成今日之貌。三街會館初修在乾隆五十七年（1792），“乃經世遠歲增，牆壁傾圮，棟桷崩頹，凡客若商，入而睹斯館者，莫不以風雨飄搖為憾。爰集澳中董事，高議許相踴躍，樂為捐資，一時用鳩工人，少變其局而改創之，高其垣墉，廣其座次，約數月而告竣工”，這次重修較初時規模增加。嘉慶年間，三街會館再次衰敗，“澳中之建此會館也……為夷客商所會集之地，平爭於斯，公利於斯，聯情而尚義，悉於斯。倘風墮其簷，雨零其桷，鼠穴其墉，前修雖甚殷乎，後之不繼，遊其宇者，能勿惻然”。於是嘉慶九年（1804）進行第二次大修。道光年間，三街會館進行了第三次大修，道光十五年（1835）“又重建之，據金一千數百有奇，十二月落成。神靈赫奕，廟貌輝煌，旁設公所，為講信修睦之地，彬彬乎！有典有則矣”，此次大修在建築旁增建一間公所。總之，每次大修，建築規模都有所變化，所謂“每修必踵事增華”，“制日益備”。

“三街會館”為何會變成“關帝古廟”呢？據《澳門掌故》指，昔日中國各行業的會館，必定會設壇供奉該行業的祖師，所以三街會館中設有關帝神殿及財帛星君殿以表示崇敬。因為會館是公共場所，所以任人入內拜祀。以前的澳門人篤信神靈，會館香火益盛，所以信眾直呼“三街會館”作“關帝廟”。初始，公所與廟宇合一，後於第三次大修中將兩者分開，所謂“廟貌輝煌，旁設公所”。日久，三街會館權威逐漸喪失，公所功能退化，而廟宇成為會館的主要功能。建築前豎立“關聖帝君”的高腳牌，然其門楣仍有“三街會館”四字。三街會館的所在地原為昔日澳門之繁榮市區“榮寧坊”，故其門前之社壇現仍刻有“榮寧社”字樣，且有聯云“榮居康樂境，寧享太平年”。同時，三街會館也

三街會館（關帝古廟）的關帝像

是清政府發佈公告的重要場所，當時澳葡政府亦曾將會館作為聯繫華人的唯一機關。嘉慶十年（1805），免疫接種牛痘的醫療技術傳入澳門，三街會館成為中國最早的痘館。直至 1913 年，澳門中華總商會成立，以及新馬路的開闢，三街會館的功能逐漸衰微和被取代。由商人供奉的關聖帝君則成為這裏的主人翁。加上香火鼎盛，祀者日眾，會館遂演變成為名副其實的“關帝古廟”。

三街會館（關帝古廟）內藏有許多各式聯匾，從聯匾內容可以了解不同面向的關帝。聯匾的內容主要是對關帝的歌功頌德，另有與三街會館（關帝古廟）的貿易功能、關帝的財神身份有關的聯匾，十分特別。墻上懸有道光六年（1826）的木聯“義膽忠肝一生志在春秋全欲匡扶兩漢室，丹心赤面萬古光懸日月咸欽降伏群魔”，歌頌關帝的義膽忠肝，能降伏群魔。上殿懸有古匾“澤遍同人”，是道光十五年（1835）時信眾所贈，歌頌關帝德澤萬民。廟內還有其他楹聯如“義重山河義氣即生財之本，忠昭日月忠心贊化育之原”，稱頌關帝的義氣忠心。正門木楹聯是光緒十一年（1885）“順邑康衢薰沐敬書”的“聖后文宣恩覃海鏡，忠先武穆績著天門”。屏門木聯“超萬古群倫多在三分天下，大丈夫之志始於一簿春秋”，講述關帝隨蜀三分天下，喜愛閱讀《春秋》。楹聯“聖而化聖而神誅魏伐吳勳著鼎銘垂漢代，帝有文帝有武崇封迭賜祀承御祭配尼山”，講述關帝討伐魏國和吳國，名垂於漢代，後又配享武廟。正殿另有道光六年（1826）所立的楹聯“天經並地義同昭永使綱常植立，列宿與歲星共煥長占貨物流通”，讚頌關帝的正義剛直，指出三街會館（關帝古廟）原來的會館功能。刻在四方亭的石聯“市肆咸安物毓靈區真至富，神明有赫人持公論總難私”，可見澳門商人景仰關帝的大公無私，歌頌三街會館的商業興旺。三街會館

三街會館（關帝古廟）的匾額

三街會館（關帝古廟）的儀仗兵器

（關帝古廟）因為同時供奉關帝、財帛星君兩位財神，所以又有對聯“富鎮天垣萬古財源通宇宙，忠垂史冊千秋義氣貫乾坤”。

《澳門廟宇叢考》對以往關帝誕的慶誕活動有詳細介紹，“三街會館（關帝古廟）主要重視的神誕有：‘財帛星君寶誕：七月廿二；關聖帝君寶誕：五月十三日；驚蟄：正月廿七日’。這三個俗節，被寫成紅紙，張貼在廟內，提醒信眾。”可見關帝誕被三街會館（關帝古廟）視為重要神誕之一。館內有賀誕楹聯“懍烈聖神豈

三街會館（關帝古廟）外的高腳牌

僅精忠扶漢室，浩然道義常晉德澤育蓮峰”，是光緒八年（1882）由“寶誕建醮值事泰來棧明記行敬贈”。可見，早在光緒年間，三街會館（關帝古廟）已經設有專責關帝誕的建醮值事。“廟內‘大錫香案’（燭台）身上，刻有‘光緒十年歲次甲申孟秋吉旦，當年閏誕巡遊值事置’字樣”，由此可知，在光緒十年（1885）關帝誕，該廟就有關帝神像出遊的慶祝活動。

二十世紀五十年代，三街會館（關帝古廟）以農曆五月十三日為關帝誕誕期，賀誕活動通常為期兩日，有時更長達五日，以表達對關帝的敬意。誕期當日，善男信女前來進香，絡繹不絕。建華、友樂、羅梁等體育社團一同前往進香，派出舞獅採青助興，鑼鼓喧天，觀者盈途。晚上，會館在廟前蓋搭彩棚，公演傀儡戲，俗稱木頭戲，或邀請歌伶、曲社、粵劇團演出助慶。據《華僑報》記載，1958 年，邀請港澳名曲藝家鄭幗寶小姐演唱助慶；1960 年，聘請雙天劇團一連五天在會館前演出粵劇；1961 年本地曲社黑鷹社唱八音，場面十分熱鬧，廣受歡迎。賀誕後，各體育社團會派發燒肉、餅食給會員，在晚上舉行會員餐聚。各體育社團在酒館及包辦館訂筵席聯歡，數量曾多達二百桌。

昔日，三街會館（關帝古廟）的賀誕經費由鏡湖醫院撥款資助。《澳門掌故》載：“唯年中之關帝神誕及財帛生君誕，則由成立於 1871 年的鏡湖醫院慈善會撥支經費，搭棚建醮，演戲或唱曲，一連數天，極一時之熱鬧焉。”對此，《華僑報》多有所記載。1938 年，鏡湖醫院撥助賀誕經費三十五元。1942 年，鏡湖醫院訂立慈善會立案章程。1946 年，鏡湖醫院慈善會董事會則撥助葡幣六百五十元作為三街會館（關帝古廟）“五月十三日關帝誕建醮及賀誕之用”。1949 年鏡湖醫院慈善會的常會報告載，1947 年因為新增演戲表演，賀誕經費增至葡幣八百元，1948 年關帝誕免演京戲，賀誕經費才回復至葡幣六百元。廟祝盧劍光稱，以往賀誕，該廟會在廟

三街會館（關帝古廟）內部

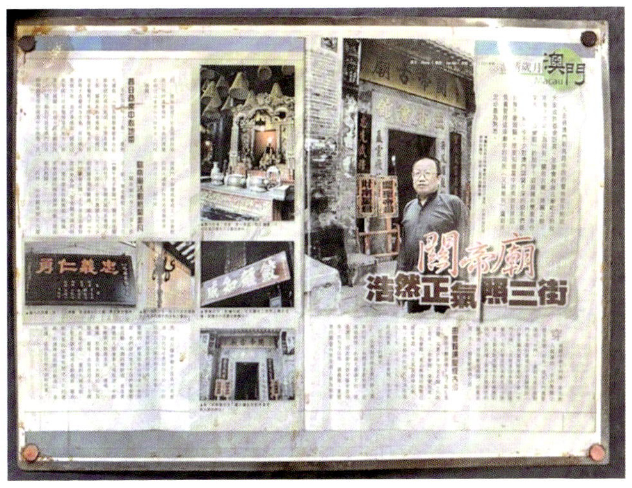
澳門
Macau

關帝廟
浩然正氣照三街

忠義仁勇

三街會館（關帝古廟）廟祝盧劍光先生的報導

前空地搭棚，大演神功戲，後來因為演出神功戲耗費大量人力和財力，所以才停辦。鏡湖醫院慈善會的常會報告證明了廟祝盧劍光所言不假。整體而言，對比往昔，三街會館（關帝古廟）現時的賀誕規模雖然變小，然而其賀誕方式和參與賀誕的信眾類別卻變得多元。

按《百年節誕：澳門廟宇文化口述歷史》載，十多年前，每逢關平太子聖誕、關帝誕和關帝飛昇寶誕，廟內都非常熱鬧，善信們會帶同三牲，包括燒肉、雞和水果，拜祀關帝。現在每逢三節，澳門和香港的團體都會過來賀誕，一般市民則未必集中在節日才到賀，他們會選擇在平日或閒暇日子來拜祀。廟內還有《關聖帝君救劫文》，免費贈閱給善信們。在筆者們的訪問下，廟祝盧劍光稱，現時參與關帝誕的群眾主要為該廟管理者、體育社團，以及附近的商舖經營者和一般信眾。在關帝誕（農曆六月廿四日）和關平太子誕（農曆五月十三日），該廟都會在廟門懸掛大花牌，吸引善信入廟上香，體育社團亦會帶來舞獅表演，再集體拜祀關帝，然後拿著採青沿街巡遊，巡遊路線則由體育社團自定，晚上再有聚餐。沿街的店舖會預先準備小獅頭採青，以求取得好意頭。來拜關帝的善信都是祈求平安、身體健康，希望獲得好運。

2023 年，隨著疫情消散，澳門社會復甦，三街會館（關帝古廟）的賀誕活動更具規模。農曆六月廿四日

2023 年三街會館（關帝古廟）慶祝關帝誕

早晨，該廟就開始為關帝誕做準備，在廟外掛上大花牌慶祝。上午十一時，廟內熱鬧非凡，信眾們絡繹不絕地前來參與祭祀儀式。澳門關聖帝君文化促進會在該廟舉行“恭祝關聖帝君千秋寶誕”活動，進行上香、祭祀、上貢、切金豬等儀式。尤其是上貢儀式，信眾均手持香火，恭敬虔誠地向關帝祈福。

澳門關聖帝君文化促進會會長李國輝、理事長周錦泉分別致辭，表達對關聖帝君的崇敬之情。李國輝表示，祭祀儀式不僅為了慶祝關帝誕，更是為了感謝關帝對澳門的庇護和保佑。他指出，關帝是勇猛神武的化身和智慧仁愛的象徵，澳門居民早已將關帝價值觀融入生

三街會館（關帝古廟）的賀誕嘉賓進行上香儀式

三街會館（關帝古廟）的賀誕嘉賓恭請關聖帝君出殿

醒獅助慶關帝誕

活中。周錦泉則稱，該會會旨為傳承關帝精神，弘揚中華傳統廟宇文化，以及講好澳門歷史故事。出席賀誕活動的嘉賓有澳門區全國人大代表、澳門工商聯會會長、該會榮譽主席何敬麟等著名社會人士，旅遊局旅遊產品及活動廳長司徒琳麗，市政署代表歐振榮，文化局代表容家倫等政府官員，以及廟宇節慶文化促進會會長梁慶庭，澳門鮮魚行總會會長蘇中興、理事長蘇國夫，羅梁體育總會副會長馬家英，板營寧榮社理事長鄒家玉等社團負責人。眾人齊切燒豬，參拜祈福，場面熱鬧。

鴻威文娛體育會、羅梁體育總會的舞獅隊和舞龍隊，列隊進行舞龍、醒獅等慶典巡遊。在巡遊表演中，

鴻威文娛體育會的青年舞龍表演

鴻威文娛體育會的青年會員參與巡遊表演

體育會的會員們不論年齡大小，都以精湛的舞龍、舞獅技藝，展現出澳門市民對關帝誕和中華傳統文化的濃厚熱情。

氹仔關帝殿天后宮（卓家村關帝廟）

氹仔關帝殿天后宮，俗稱卓家村關帝廟，是澳門離島唯一一座連體廟宇。該廟一列三間，關帝殿與天后宮“簷宇相連，宮門各別”。中間為主殿關帝殿，供奉關帝；右邊為天后宮，供奉天后；左邊一間則為廟祝寓所。該廟雖然分兩個門口出入，但廟內有小門相通。該廟現存光緒七年（1881）的《重修關帝天后古廟捐簽碑記》石碑，記載了卓家村鄉紳集資重修廟宇經過。該石碑又載，“關帝、天后廟者，創建於康熙之年”，可見，該廟建於清初康熙年間（1662－1722），是氹仔島最古老的廟宇。學者徐曉望認為，從其天后宮與關帝殿合建的風格而言，此廟極有可能為閩南人所建。因為康熙二十二年（1683），清廷收復台灣，隨即開放海禁，中國沿海地區的商業頓時興盛。於是，閩人與粵人來澳經商者日眾，並於氹仔建立據點，而關帝殿天后宮的出現，説明當時已有商民定居於氹仔卓家村，並崇祀關帝、天后。由此，可推斷該廟創建於 1683 年至 1722 年間。

該廟宇的楹聯歷史悠久，廟內的橫匾、楹聯多由善信、船舖、廟宇值事所贈。關帝殿門口有木聯“丹心昭日月，大義在春秋”，殿內有楹聯“聲名溢於華夷，將軍加古帝之號；廟貌配乎洙泗，聖人為百世之師”。

氹仔卓家村關帝殿天后宮舊貌

2023 年氹仔關帝殿天后宮今貌

氹仔卓家村關帝殿內部

關帝殿屏門前豎有三把關刀，每把均縛紅纓，帶有濃重的崇尚忠義色彩；天后宮門口有木聯“海國慈航普濟，霞榆俎豆重光”。殿內楹聯為“聖母具大神通，萬里風波平粵海；元君最多靈感，千秋俎豆溯莆田”。關帝殿、天后宮在道光十七年（1837）的兩副楹聯是該廟現存最早的文物，而光緒二十一年（1895）、宣統二年（1910）、民國三十五年（1946）的橫匾亦有多幅，可見該廟興盛於晚清、民國時期。

氹仔卓家村關帝殿
的關帝像

氹仔卓家村天后宮
的天后像

關帝殿和天后宮相連而建的原因與地緣和業緣有密切關係。光緒七年（1881）《重修關帝天后古廟捐簽碑記》石碑載，該廟“地枕一灣，諸峰朝拱”，位於“門環十字，眾水歸源”之地。《澳門風物志（續篇）》進一步解釋，卓家村村民供奉關帝，相信關帝忠義仁勇，將其視為保護神，因此往昔村中父老把關帝殿作為議事場地；而供奉天后則因往昔大氹島、小氹島之間原有一條水道，船隻往還，而卓家村近海，自然也成為漁民集散之地，信奉天后，順理成章。道光二十七年（1847），葡萄牙人在小氹島修建炮台，建立了氹仔第一個軍事據點，隨後逐步侵佔氹仔。《重修關帝天后古廟捐簽碑記》載，“是以赫濯聲靈，洋夷望之而震攝”，希望以關帝、天后的靈力震攝當時的洋夷，此處“洋夷”

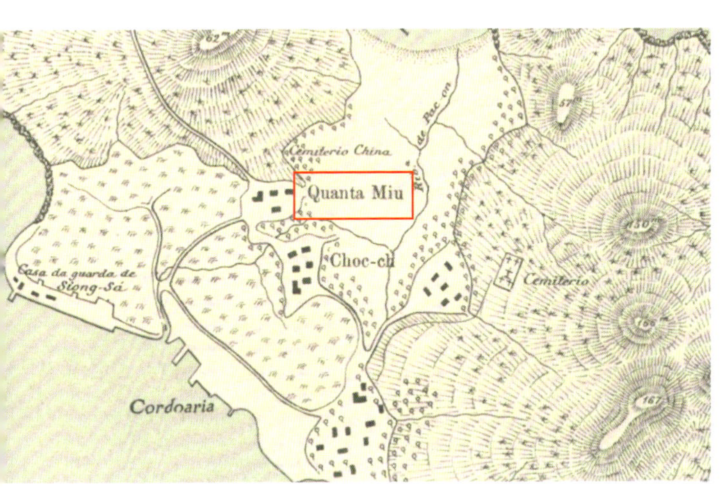

1912 年氹仔地圖上的關帝廟

應指侵佔氹仔的葡萄牙人。

根據訪問內容，筆者們認為，關帝和天后在清初便成為氹仔漁業與商業共同的行業守護神，至清末則發展成為氹仔的商業貿易守護神。廟祝黃先生稱："從前海盜會打劫氹仔漁民的漁獲，以獲取利益。漁民為避免漁獲被海盜所搶，便和海盜建立穩定的交易關係。此處（關帝殿天后宮）為漁民和海盜在氹仔最早進行貿易的地點，所以漁民和海盜便選址在此，創建連體的關帝殿和天后宮。漁民拜天后，祈求漁獲豐收，海盜拜關帝，祈求關帝維繫雙方忠義誠信的商業合作關係。後來，雙方成立商會，由海盜負責運送和出售漁獲，二者的合作模式，就像現在的漁行和貿易行。" 由此可見，在清初，關帝和天后成為氹仔漁業與商業共同拜祀的行業守護神。《重修關帝天后古廟捐簽碑記》載，當時氹仔與順德已有渡船往來，形成小規模的工商貿易關係，參與該廟重修捐款的有泥水匠、油漆工、石匠、風水師父，還有木材舖、搭棚行、建築材料行、文具店、雜貨店和裝修舖等舖行。可見，在清末，氹仔百業興旺，貿易繁榮，關帝和天后在當時發展為氹仔商業貿易的守護神是有跡可循的。

對於澳門"黑白兩道"皆供奉關帝的趣異現象，廟祝黃先生解釋："澳門娛樂場的'疊馬仔'會買金碗、金筷子來廟宇結義，我教他們儀式該怎樣做，他們自己講些結義的話，像‘不求同年同月生，只求同年同月死’，再上香叩拜，這種可以算是‘黑道’。公司的老闆求生意興隆，焚香鞠躬，虔誠跪拜，則可以算是‘白道’。”廟祝黃先生又稱，“偏門的疊馬仔”多祈求“收數”成功，“白道”公司老闆則多祈求商業伙伴守信重義。“黑白兩道”的功利需求反映出關帝作為商業守護神的功能。

關帝殿天后宮以農曆六月廿四日為關帝誕。廟祝黃先生稱：“關帝誕當日，有舞獅、舞龍的表演和關帝像巡遊，巡遊路線往返氹仔和路環兩島。”1985 年，加義體育會成立後，該會每年關帝誕都會到卓家村關帝廟參神賀誕，然後到路環、氹仔、澳門各區醒獅巡遊採青，晚上設宴聯歡，有粵曲表演助興，十分熱鬧。

1985 年加義體育會醒獅團恭賀關帝誕

2015 年關帝誕加義體育會成立三十周年

前些年受到新冠疫情影響，關帝殿天后宮的賀誕活動取消了關帝像巡遊。廟祝黃先生指出："近年因為新冠疫情，所以取消了神像巡遊，但仍保留舞獅、舞龍的表演。而關平太子誕，因為關平是關帝的兒子，不及關帝英武，所以當日只有善信上香祭拜，廟宇不會特別慶祝。平日的初一、初二、十五和十六，中午多善信來拜關公。平時亦有商人因生意不順、運氣不佳來上香，祈求轉運。有些善信因家庭瑣事，上香求解。"

近年來，隨著疫情的緩解，關帝殿天后宮恢復了以往熱鬧的賀誕氣氛。在關帝誕當日上午，四周彩旗招

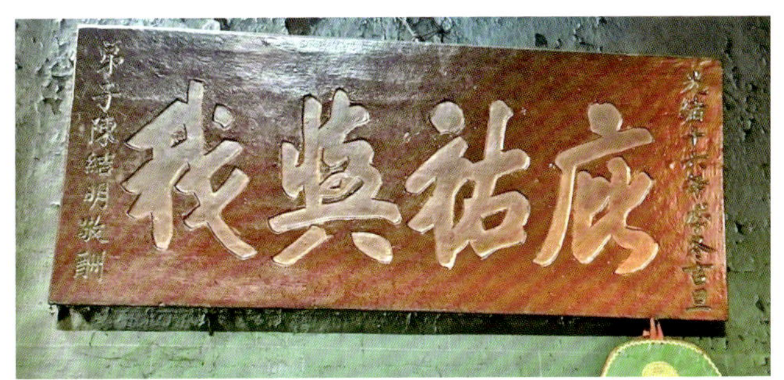

氹仔卓家村關帝殿的匾額

氹仔關帝殿天后宮外的關帝像

關帝誕當日氹仔卓家村關帝殿香火鼎盛

展，廟外供奉三把關刀，殿內香火鼎盛。前來參拜的信眾帶來水果、燒豬及關帝衣，祈求關帝保佑家宅平安，生意興旺，廟祝亦忙前忙後，為信眾上塔香祈福。

與此同時，加義體育會的會員在沙梨頭會址祭拜關帝，準備會旗、獅頭和祭品。該會會旗印有關羽、劉備、張飛的畫像，以示對關帝的崇拜。當體育會到達關帝殿天后宮後，開始祭拜關帝，並在廟前空地為舞獅點睛。接著，舞獅在廟前採青，然後進入廟內向關帝行禮。現場鑼鼓喧天，雄獅勁舞，武術精湛，熱鬧非凡。晚上，體育會在澳門半島設宴歡聚。

關帝誕當日氹仔卓家村關帝殿內參拜的信眾

氹仔卓家村關帝殿關帝誕的祭品

加義體育會在會址祭拜關帝像

加義體育會為舞獅點睛

加義體育會慶祝關帝誕

龍田村武帝廟

《澳門掌故》記載，龍田村位於今文第士街附近一帶，自羅利老馬路以北，至雅廉訪馬路以南，東依松山山麓，西向菲利喇亞美打大馬路。又指，“昔人迷信，對神權非常重視，以故當年龍田村中，每屆關帝神誕，武帝廟前，必演奏八音，異常熱鬧。”此處“八音”即八音鑼鼓，屬於廣東傳統音樂。過去，澳門八音鑼鼓主要在神誕、婚宴、節慶、殯儀等活動上演奏。

《香山縣志》稱：“光緒三十三年，葡欲增闢馬路，焚龍田村民居三十餘家，逼遷家具，違者被毆；事後略補屋價，託名購取。居人遷徙流離，莫名其苦，今龍田村已為墟矣。”光緒三十三年（1907），因為葡人開闢馬路，導致龍田村村民流離失所。《澳門掌故》稱，當時龍田村中較富有的村民移居於望廈村，貧乏的村民則徙置到大三巴山巔上，龍田村逐漸遷徙一空，村內只剩下武帝廟、福德祠兩間廟宇。可知，武帝廟原來在龍田村內。龍田村村民被迫遷徙後，葡人焚燬龍田村，村內的廟宇和社壇都被拆毀。後來，龍田村村民得普濟禪院撥出寺旁的空地，便與望廈村坊眾商量集資重建廟宇。光緒三十四年（1908），龍田村村民將武帝廟、福德祠兩廟重建為一體，將廟內原有的關帝像和土地神像等一併遷入新廟供奉。然而時至今日，普濟禪院

普濟禪院內原龍田村武帝廟的正面

普濟禪院內原龍田村武帝廟的側面

內的武帝廟暫被閒置。因此，筆者們唯有轉為訪問普濟禪院的關帝殿。

普濟禪院關帝殿

　　普濟禪院是澳門三大古剎之一，俗稱觀音堂，創建時間未知，院內存有崇禎五年（1632）的鐵鐘一口，足見其歷史悠久。禪院於嘉慶廿三年（1818）、咸豐八年（1858）兩度重修擴建，形成今日之規模。廟宇中殿首為大雄寶殿，其後長壽佛殿、觀音殿三進；正對左方依次為天后殿、地藏殿和祖師堂；右方則為關帝殿、大客堂和檀越堂。關帝殿門口楹聯書“義膽忠肝盡弟道實盡臣道，丹心赤面為君勞即為民勞”，為咸豐八年（1858）趙崇芹所奉。殿內對聯“夫子讀聖人書惟義惟忠廼造彝倫之極，將軍扶王室鼎宜君宜帝斯膺徽號之崇”為咸豐

普濟禪院關帝殿

普濟禪院關帝殿的關帝像

普濟禪院關帝殿內部

八年（1858）所造。

筆者們詢問普濟禪院關帝殿的義工燕姐，平日什麼人來拜祀關帝居多。她回答：“信關帝的大多是北方人，新冠疫情前多內地人拜關帝，本地人則拜觀音多。”對於禪院慶祝關帝誕的情況，她指出：“禪院的觀音誕和佛誕的活動較為盛大。關帝誕當日，善眾大多會帶香蠋紙寶、水果、糖果餅乾和齋菜等前來拜祀。”筆者們又問：“在普濟禪院是否‘黑白兩道’都拜關帝？”燕姐回應：“信奉關帝的善眾一般以年長一輩為主，年輕一輩則以做生意開公司的商人為主。因為關公一般在人的心目中都是講義氣，廣結善緣的存在。信眾會因為信仰關公而轉變個人的品德行為。”從上可見，平日到普濟禪院關帝殿拜祀的內地旅客居多，在關帝誕當日，關帝信義的形象吸引“黑白兩道”信眾前來拜祀，商賈皆崇。

普濟禪院關帝殿的匾額

加義堂
加義

其他賀誕群體和活動

除廟宇外，組織和參與關帝誕賀誕活動的群體還有澳門政府部門和各類社團，如警察局、體育會、街坊會、關帝文化社團等。賀誕形式包括舞獅、舞龍、神像巡遊、採青、聯歡宴會、體育比賽等。每逢關帝誕，不少市民、商戶都供奉關帝神像，向關帝神像獻花燒燭，置放各類貢品，燒臘店更是生意興旺。不少社團會設筵聯歡，酒家食肆均賓客滿座。

澳門警務人員

關帝展現的精忠報國和正義威武的形象，使其成為澳門警務人員的行業保護神，澳門警界自然成為澳門關帝誕的賀誕群體之一。根據《澳門風物志》記載，警務人員平日會供奉關帝，往昔的警察局偵組部更會在關帝誕向關帝進香。筆者們採訪了澳門退休警務人員王先生，王先生稱："警務人員會請風水師傅到警局，尋找合適的位置安奉關帝像。每逢關帝誕，各區警察都會在局內準備燒豬、燒雞和關帝衣祭拜關帝，祈求關帝保佑警察捉拿罪犯，並能平安歸來。如果有重大警務行動，亦會向關帝上香，祈求關帝保佑平安，才會出門行動。"可見，關帝在澳門警界地位崇高，受到警務人員的尊崇。

二十世紀四十年代，澳門警界已經有慶祝關帝誕的傳統，《華僑報》多記載治安警察廳慶祝關帝誕的盛況。每逢關帝誕，治安警察廳必定隆重慶祝關帝誕，偵員會帶金猪、香花、果酒到各廟宇的關帝殿致祭，如蓮峰廟、三街會館（關帝古廟）、康公廟、媽閣廟等，晚上則設宴慶祝，邀請澳門各機關首長、紳商名流、社團領袖、中西記者等一同賀誕，也會邀請音樂社演唱娛賓。1942 年，為感謝治安警察廳維護治安的勛勞，澳門商會主席高可寧一行親自到警廳，向全體警探致送匾額。1948 年，澳門治安警察廳上午到三街會館（關帝古廟）進香，晚上設宴聯歡慶祝，警察局長鮑立德，衞生分局長洛比士，紳商傅德蔭、高可寧，中山縣警察局長陸文浩等一同參與，中葡雙方的警務人員、澳門商界人士均齊賀關帝誕，熱鬧非凡。1950 年，消防隊在其俱樂部設宴，部中奉有關公神像，當日香火不停，不少外國人亦在被邀之列，他們紛紛到神像前行禮，詢問關帝的歷史，中外同樂。1960 年，水警華人聯誼會亦設宴慶祝關帝寶誕。同年，澳門設立司法警察處，治安警察廳偵緝部被撤銷，並與預審部門合併，治安警察廳的賀誕活動隨之取消。1971 年，澳門司法警察處被提升為廳級部門。翌年，澳門司法警察廳才重新延續警界賀誕活動的傳統。

二十世紀七十年代起，澳門警務人員對關帝信仰的推崇日益加深，陸續在各警廳內安奉關帝像。1979 年，崗頂一區警廳安奉關帝像，並舉行關帝像的開光儀式，當日有蔡李佛修武館舞獅助興。時任崗頂一區警廳廳長麥格齡稱，雖然澳門的葡籍警官多信奉天主教，但仍十分尊重澳門的傳統信仰習俗。現時的中國籍治安警員佔百分之九十，大多數信奉關帝，此次徇眾要求，首先在一區警廳內安奉關帝，二區亦會隨後安放關帝像。可見，關帝信仰深受澳門中葡警務人員的推崇與尊重。1980 年，二區警廳在廳內安放關帝神像，所有陳設均照中國傳統習俗，由和尚誦經、焚香。警務人員稱，舉行此項傳統儀式的目的是加強警民關係。港務廳水警總部調查科和三區警署亦分別在 1981 年和 1990 年在廳內舉行關聖帝君開光大典，安奉關帝像。1983 年，一區和二區警署慶祝關帝誕，由鴻勁體育會、修武體育會派

1979 年治安警察廳廳長麥格齡在關帝像前上香

1980 年二區警署門前舉行關帝開光儀式

1981 年港務廳關帝神像開光

1990 年警察廳馬英時廳長為三區關帝開光大典點睛

1983 年警察總部慶祝關帝誕場面極為熱鬧

1979 年關帝聯誼文化體育會開幕儀式
中為司法警察廳申齊士廳長，左為羅沙隊長，右為艾立素副廳長

關帝聯誼文化體育會會徽

出南北醒獅表演助興，廳長包理道率先向關帝行禮，儀式結束後，舉行聯歡酒會慶祝。

二十世紀七十年代，澳門警務人員成立關帝信仰社團。1977 年，司法警察廳的警務人員登記成立“關帝聯誼文化體育會”。1979 年，該會會長、司警廳廳長申齊士在會址親自剪綵，舉行開幕儀式，宣佈該會正式成立。2014 年，該會改名為“關帝警察文化協會”，修改章程，將每年關帝誕農曆五月十三日定為會慶日。在會徽設計上，採用了關帝的肖像和歌頌關帝的聯語“萬古精忠昭日月，千秋義勇貫乾坤”。該會關注及研究警察文化，籌辦各種體育、聯誼活動，注重增進會員間的友

2015 年關帝警察文化協會慶祝關帝誕合影

誼，以及促進會員之間的互助團結。澳門警務人員對關帝的推崇，促進了警務人員間的互助團結。關帝聯誼文化體育會的會員由現役及退休警員組成，司法警察局高層、嘉賓及該會會員每年都會一同慶誕聯歡，藉此加強同僚間的友誼，豐富閒餘生活，同時促進澳門文化和體育活動發展。

澳門體育、武術社團

關帝為人忠義威武，得到澳門各界篤信尊崇，體育、武術社團更視關帝為祖師。慶祝關帝誕的體育、武術社團數量眾多，體育社團有洪順堂體育會、聯義體育會、建華體育會、利盧體育會、羅梁體育總會、崇肇體育會、友樂體育會、新橋忠義體育會、詠華體育會、陽興體育會、黃昌國術體育會、鴻勁體育會、加義體育會等；武術社團有螳螂派門人、郭館全義社國術團等，不勝枚舉，陣容壯觀。

每逢關帝誕，澳門體育、武術社團會在午間集合，準備祭品，高張旗幟，鞭炮齊鳴，鑼鼓喧天，浩浩盪盪前往各關帝廟賀誕，晚上則懸燈結綵，聚餐慶祝。聚餐期間，體育、武術社團齊聚一堂，表演武術、唱歌助慶。體育、武術社團的成立大會、會員大會、會慶和理監事就職典禮等重要日子，通常會選定關帝誕當日舉辦，以示鄭重。1958 年，建華體育會前往關帝廟進香賀誕，沿途醒獅表演，吸引市民圍觀，晚上該會張燈結綵。1961 年，澳門青年體育會、崇肇體育會、羅梁體育會等體育社團支持政府禁毒，在關帝誕一連兩天派出醒獅表演，表演所籌募的善項撥充為氹仔社會復原所的經費。醒獅先在三街會館（關帝古廟）開光後，出發巡遊、採青。1977 年，羅梁體育總會擴大賀誕規模，上午前往媽閣廟關帝廟拜祀，一連兩日派出醒獅遊行採青，路線遍及澳門大街小巷，熱鬧非凡。首日，途經巴素打爾古街、火船頭街、河邊新街、媽閣、下環街、司打口、蓬萊新街、清平直街、福隆新街、蘆石塘、營地大街、新馬路、議事亭、南環街、龍嵩街、十月初五

1983 年青年體育會在澳督府前地表演醒獅

羅梁體育總會舉辦“恭祝關聖帝君寶誕暨成立八十六周年聯歡宴會”

街；第二日，途經沙梨頭、海邊街、提督馬路、高士德大馬路、羅神父街、雅廉坊街、台山、黑沙環、高地烏街、渡船街、青草街、田畔街、大興街、爹美刁施拿地馬路、海邊新街、沙欄仔街。

1985 年，加義體育會成立，該會上午八時前往氹仔關帝殿天后宮參神，一連兩天派出醒獅隊在路環、氹仔、澳門各區巡遊採青，所得款項撥歸同善堂作慈善之用，增進街坊友誼。2016 年 7 月，澳門羅梁體育總會舉行“恭祝關聖帝君寶誕暨慶祝成立七十八周年”會慶宴會，秉承“弘揚國粹，服務社群”的創會宗旨，積極參與社會的公益活動。每年，羅梁體育總會聯同三街會館（關帝古廟）一起賀誕，賀誕活動包括舞龍、舞獅、聯誼宴會等。前些年因受疫情影響，賀誕活動受限，但是聯誼宴會未曾中斷，一以貫之。

澳門坊眾團體

板樟堂營地街區坊眾互助會成立於 1966 年，該會以團結坊眾、愛國愛澳為宗旨，努力貫徹“團結坊眾、參與社會、關注民生、服務社群”的精神。因為三街會館（關帝古廟）坐落在營地街市側面，為了尊重關帝信仰，該會成立關帝會，並於每年關帝誕舉行“萬家歡樂在板營”賀誕活動，豐富街坊的文娛生活。該會在中午舉行祀拜關帝儀式、分派燒肉，晚上舉行曲藝演唱會，以及在酒樓聚餐聯歡等。2022 年，板樟堂營地街區坊眾互助會持續舉辦“萬家歡樂在板營關帝誕文娛演出會”，該會婦女部成員參與演出活動，表演懷舊金曲、中國舞、太極拳、太極劍等。藉此活動團結睦鄰，弘揚關帝忠義誠信的精神，加強年輕人對關帝文化的認識。2023 年，該會在三街會館（關帝古廟）舉行祈福儀式，祈願新冠疫情盡快完結，庇佑澳門早日恢復繁榮。

綜上所述，澳門關帝誕的賀誕群體以廟宇、警務人員、體育和武術團體、坊眾互助會為主，他們基於對關帝信仰的崇拜，弘揚關帝文化，推動賀誕活動的傳承和發展。賀誕活動豐富多元，如到關帝廟祈福，表演八音、傀儡戲、粵劇、舞龍、舞獅，舉辦聯誼宴會，舉行文娛表演等。這些賀誕活動反映出澳門社會對關帝的功利需求，如廟宇祈求關帝導人向善；警務人員希望關帝

板樟堂營地街區坊眾互助會舉行“萬家歡樂在板營關帝誕文娛演出”

板樟堂營地街區坊眾互助會到三街會館（關帝古廟）關帝廟舉行祈福儀式

作為行業保護神，維持社會秩序、凝聚人心；體育和武術團體則希望關帝促進會員強健體魄，互助團結，弘揚國粹，回饋社會；坊眾互助會祈求關帝增強社區坊眾間的聯繫，保佑澳門經濟早日復甦。

風調雨順
國泰民安
恭祝關聖帝君寶誕
澳門關聖帝君文化促進會 澳門羅梁體育總會
域多利國際物流集團 敬賀
關聖帝君
關聖帝君

澳門關帝誕的特點

關帝誕是澳門較具影響力的傳統民俗節慶活動之一，是中華傳統文化在澳門一脈相承的體現。澳門關帝誕是關帝信仰的主要表現形式，具有富地方特色的習俗和賀誕活動，其主要特點體現在：

群眾參與程度高

澳門關帝誕的賀誕活動各具特色，深受澳門信眾的歡迎，因此各界群眾參與程度高。每年的關帝誕，不少供奉關帝的廟宇或以關帝為主神的廟宇，如澳門三街會館（關帝古廟）、普濟禪院的關帝殿、氹仔關帝廟等，都會舉行各具特色的賀誕活動，如在廟門懸掛花牌、舉行關帝像巡遊等。這些賀誕活動吸引本地的體育社團集體祭拜，並帶來舞獅、舞龍的表演和採青沿街巡遊，同時，帶動附近的店舖參與採青。警務人員每逢關帝誕都必定隆重慶祝，設金豬、香花、果酒等，前往各關帝殿致祭，又成立關帝文化社團，舉行聯歡會慶祝。一般信眾則會帶來香蠋紙寶、水果、糖果餅乾、齋菜等到廟宇祭拜關帝。不同社區的街坊、商戶亦會在關帝誕到關帝廟參拜祈福，祈求街坊身體健康，商戶財源廣進。社區坊眾互助會則到關帝廟參神祈福，舉辦文娛表演活動，增強街區內的坊眾情誼，加深年輕人對關帝信仰的認識，普天同慶。

個人和社會的功利性需求

信眾的功利性需求是澳門關帝誕得以傳承的原因之一。因應個人和社會的功利需求，關帝信仰在澳門形成各種習俗。關帝作為保護神和財神，反映出澳門信眾渴望關帝保佑平安、驅除疫魔、利國利民、財源廣進等功利需求。同時，關帝作為行業神，商界、警界、體育和武術社團祈求關帝可以團結同業，維護秩序，保護自身的安全。為弘揚關帝文化、促進海內外關帝文化交流，以及促進澳門的體育事業發展，澳門社團持續舉辦關帝信仰活動。關帝信仰活動成為關帝誕在澳門持續傳承且盛行的中堅力量。

澳門地方文化的符號

關帝誕印證了中華傳統文化在澳門一脈相承的事實。自古以來，關帝以忠義勇武、維護正義、堅貞不二的精神而聞名，受到澳門政界、警界、漁業、商業、博彩業、體育社團、關帝文化協會等各行各界的推崇。澳門的“黑白兩道”都拜祀關帝，如“黑道”的“疊馬仔”，以及“白道”的警務人員和生意人。二十世紀四十年代，中葡警務人員攜手設宴慶祝關帝誕，邀請醒獅團助慶，關帝誕和關帝信仰文化成功地促進了中葡警員的友好關係，加強了警民密切交流。進入二十一世紀，澳門基金會、湖北省海外聯誼會和湖北省非洲民間商會聯合主辦《世界關帝文化攝影展》，除了在澳門弘揚關帝文化，同時促進了關帝文化在海內外的交流。“山西解州關帝祖廟澳門傳承關公文化協會聖像開光分靈儀式”提高了關帝文化在澳門的地位。可見，關帝誕在澳門不只是神誕節日，還是地方上的文化符號，象徵著澳門大眾對關帝忠義仁勇、庇護眾生精神的深切崇敬。

結語

中國歷代帝王對關帝“忠義仁勇”的精神推崇備至，隨著不同時代在政治、軍事、經濟和文化上的需求變化，關帝信仰逐漸成為中華人民的一種精神支柱。時至今日，澳門仍然深受關帝信仰的影響，關帝作為財神、行業神和保護神，廣受澳門人的信奉。

關帝誕被列入澳門非物質文化遺產的清單，因為其符合“社會實踐、宗教實踐、儀式和節慶活動”的條件。在社會實踐方面，關帝信仰的信眾遍及社會不同階層和行業；在宗教方面，關帝兼為儒、釋、道三教之神，在澳門信眾心中具有崇高的地位，而關帝作為武財神和行業保護神，滿足了大眾的功利需求，所以深受推崇；在儀式和節慶活動方面，澳門以農曆五月十三日、農曆六月廿四日為關帝誕，澳門的廟宇、社團和信眾都會進行祭拜和慶祝。關帝忠誠信義、行俠仗義、威武善戰的形象深入民心。關帝信仰深刻體現在澳門人的生活中，形成各種不同的傳統習俗，大眾亦積極地舉辦或參與相關活動。持續的關帝信仰活動使關帝文化成為澳門的地方文化符號，同時也是關帝信仰在澳門持續傳承且盛行的支柱。

關帝誕是澳門較具影響力的傳統民俗節慶活動，主要因為關帝信仰對澳門大眾具有重大精神意義，以及能滿足大眾的功利性需求。澳門慶祝關帝誕的群體以廟宇為主，有澳門半島的三街會館（關帝古廟）、普濟禪院的關帝殿和氹仔的卓家村關帝殿天后宮等。關帝信仰是澳門大眾的精神寄託，關帝誕的賀誕群體多元，有警務人員、體育和武術團體、商舖、關帝信仰社團和一般信眾等。每年關帝誕，賀誕群體都舉辦隆重的活動，包括神像巡遊、舞龍、舞獅、宴會、文娛表演等，吸引大批信眾參與。關帝誕對澳門社會影響廣泛，關帝文化更成為澳門的文化符號，印證著中華傳統文化在澳門一脈相傳，多元的關帝文化活動使關帝在澳門的地位日漸提高。

由於時間倉促，篇幅有限，筆者們未能對澳門關帝誕和關帝信仰作更深入的考察。拋磚引玉，一得之見，祈能以管窺豹，略見一斑，為未來的澳門關帝誕研究夯實基礎。

參考書目

著作

1. 鄭煒明，《葡佔氹仔路環碑銘楹匾彙編》，香港：加略山房有限公司，1993 年。
2. 陳壽，《三國志》，北京：中華書局，1998 年。
3. 唐思，《澳門風物志》，北京：中國友誼出版公司，澳門：澳門基金會，1998 年。
4. 徐曉望、陳衍德，《澳門媽祖文化研究》，澳門：澳門基金會，1998 年。
5. 王文達，《澳門掌故》，澳門：澳門教育出版社，2003 年。
6. 吳志良、楊允中，《澳門百科全書》（修訂版），澳門：澳門基金會，2005 年。
7. 譚世寶，《金石銘刻的澳門史：明清澳門廟宇碑刻鐘銘集錄研究》，廣州：廣東人民出版社，2006 年。
8. 陳小寶，《香港關帝信仰研究 ——以關帝廟為中心》，香港：香港大學學術庫，2007 年。
9. 鄭煒明，《氹仔路環歷史論集》，澳門：澳門民政總署文化康體部，2007 年。
10. 大喬，《圖說中國祈福神》，北京：中國社會科學出版社，2008 年。

11. 陳煒恆，《澳門廟宇叢考》，澳門：澳門媒體工作者協會，2009 年。
12. 黃健威，《澳門街説古今》，澳門：澳門文化公所，2019 年。
13. 林發欽，《百年節誕：澳門廟宇文化口述歷史》，桂林：廣西師範大學出版社，2020 年。
14. 濮文起，《關羽：從人到神》，北京：商務印書館，2020 年。

論文 / 文章

1. 童家洲，《試論關帝信仰傳播日本及其演變》，《海交史研究》1993 年第 1 期，第 24–31 頁。
2. 葛繼勇、施夢嘉，《關帝信仰的形成、東傳日本及其影響》，《浙江大學學報》（人文社會科學版）2004 年第 5 期，第 73–80 頁。
3. 劉茜、孫麗婕，《從關公崇拜與佛教信仰關係看關公文化開發》，《語文教學與研究》2016 年第 5 期，第 6–8 頁。
4. 馬瀋陽、張建國，《試論關公崇拜與儒釋道的關係》，《山西青年》2016 年第 15 期，第 136–137 頁。
5. 高靜宜、陳中和，《馬來西亞吉隆坡惠州會館與廣肇會館關帝誕初探》，《八桂僑刊》2019 年第 4 期，第 37–46 頁。
6. 寒鯤，《關羽的成神封聖之路》，《廉政瞭望》2022 年第 21 期，第 57–58 頁。

報章

1. “鏡湖醫院當眾焚燬大批劣貨，該貨乃由洋貨行商業研究所檢獲”，《華僑報》1938 年 7 月 16 日，第 2 版。
2. “關帝誕商會送匾”，《華僑報》1942 年 8 月 6 日，第 3 版。
3. “鏡湖董事開第四次常會”，《華僑報》1946 年 5 月 26 日，第 3 版。
4. “昨偵緝部同寅舉行慶祝關帝誕”，《華僑報》1948 年 6 月 20 日，第 2 版。

5. “鏡湖慈善會昨日之常會”,《華僑報》1949 年 6 月 6 日，第 4 版。
6. “好漢慶祝關公誕”,《華僑報》1950 年 6 月 28 日，第 5 版。
7. “澳門之鶯鄭幗寶關帝廟前輕啟鶯喉”,《華僑報》1958 年 6 月 29 日，第 2 版。
8. “各街坊會社熱烈祝關帝誕，一連數天至為熱鬧”,《華僑報》1960 年 6 月 5 日，第 6 版。
9. “今日關帝誕，忠義人物，熱烈慶祝，三街會館演唱八音，體育社團醒獅賀誕”,《華僑報》1961 年 6 月 25 日，第 3 版。
10. “司法廳明祝關帝誕，晚假大華敘餐聯歡”,《華僑報》1972 年 6 月 22 日，第 4 版。
11. “司警組成關帝聯誼文體會昨日行開幕禮，會長申齊士主持剪綵”,《華僑報》1979 年 6 月 3 日，第 4 版。
12. “一區警廳昨安設關帝，警察廳長主禮，由蔡李佛修武館舞醒獅助興”,《華僑報》1979 年 12 月 20 日，第 4 版。
13. “治安警察廳第二區昨舉行，供奉關帝神像儀式，中葡嘉賓應邀觀禮會上舞獅助興”,《華僑報》1980 年 2 月 10 日，第 2 版。
14. “水警總部調查科，關聖帝君神像開光，昨由香港法師主持”,《華僑報》1981 年 2 月 1 日，第 3 版。
15. “警廳預祝澳門主保日，昨舉行餐會氣氛熱烈”,《華僑報》1983 年 6 月 24 日，第 3 版。
16. “一區警署祝關誕，敘餐及醒獅表演”,《華僑報》1983 年 6 月 25 日，第 3 版。
17. “青年體育會歷史悠久，向以熱心公益為主旨”,《華僑報》1983 年 7 月 31 日，第 11 版。
18. “加義體育會祝會慶，週二週三醒獅義採”,《華僑報》1986 年 7 月 27 日，第 11 版。
19. “關帝聯誼會聯歡，白德安司長出席”,《華僑報》1998 年 6 月 8 日，第 4 版。

網絡

1. 維基百科：https://zh.wikipedia.org/zh-tw/%E5%85%B3%E7%BE%BD
2. 維基百科：https://zh.wikipedia.org/zh-hant/%E9%97%9C%E7%BE%BD%E4%BF%A1%E4%BB%B0
3. 世界關公文化網：https://ft.guangong.hk/info/2278
4. 世界關公文化網：https://mft.guangong.hk/info/2982
5. 維基百科：https://zh.wikipedia.org/zh-hant/%E9%97%9C%E5%B8%9D%E6%96%87%E5%8C%96
6. 澳門記憶：https://www.macaumemory.mo/specialtopic_676088fb53734a2cb38ccde65e96b9a4
7. 《澳門焦點報》：https://www.mcfocus.com.mo/news/view/3383
8. 維基百科：https://zh.wikipedia.org/wiki/ 卓家村
9. 澳門文化遺產：https://www.culturalheritage.mo/detail/100002?AspxAutoDetectCookieSupport=1
10. 澳門科技大學全球地圖中的澳門（Global Mapping of Macao）：http://lunamap.must.edu.mo/luna/servlet/detail/MUST~2~2~1242~10831:Esbo%C3%A7o-das-Ilhas-da-Taipa?sort=date%2Cpub_year%2Ccontributor%2Cpub_author&qvq=w4s:/where%2FTaipa%2BIsland%2B%252528China%252529;sort:date%2Cpub_year%2Ccontributor%2Cpub_author;lc:MUST~2~2&mi=5&trs=11
11. 澳門印務局：https://www.io.gov.mo/cn/entities/priv/rec/2539
12. 今日時事：https://www.cyberctm.com/zh_TW/news/detail/779801#google_vignette
13. 《澳門焦點報》：https://www.mcfocus.com.mo/news/view/5237
14. 《華僑報》：http://www.vakiodaily.com/news/view/id/327869
15. "板營" Facebook：https://www.facebook.com/177942088229O314/photos/pb.100076109355728.-2207520000/2409678895931173/? type=3

16. 澳門街坊會聯合總會：https://www.ugamm.org.mo/portal/ctr/cms/info/goToInfoView?info_id=9c66ab6f5c0b4ef78ab25243cc721836
17. 維基百科：https://zh.wikipedia.org/wiki/ 關帝文化
18. 壹讀：https://read01.com/QAoa4m7.html#.Y6ae7i_R3Up
19. 河東文化研究中心：http://www.ycu.edu.cn/hdwhyjzx/N20191030104003.html

圖片出處

P.012–027　維基百科，https://zh.wikipedia.org/zhtw/%E5%85%B3%E7%BE%BD。

P.031　世界關公文化網，https://ft.guangong.hk/info/2278。

P.033　世界關公文化網，https://mft.guangong.hk/info/2982。

P.034　維基百科，https://zh.wikipedia.org/zh-hant/%E9%97%9C%E5%B8%9D%E6%96%87%E5%8C%96。

P.052　《塔州華人報》，http://www.cntas.com.au/static/content/ZGXW/2024-07-30/1267859355279209431.html。

P.056　（上圖）維基百科，https://zh.wikipedia.org/wiki/ 卓家村；澳門文化遺產，https://www.culturalheritage.mo/detail/100002?AspxAutoDetectCookieSupport=1。

P.059　澳門科技大學全球地圖中的澳門（Global Mapping of Macao），http://lunamap.must.edu.mo/luna/servlet/detail/MUST~2~2~1242~10831:Esbo%C3%A7o-das-Ilhas-da-Taipa?sort= date%2Cpub_year%2Ccontributor%2Cpub_author&qvq= w4s:/where%2FTaipa%2 BIsland%2B%252528China%252529;sort:date%2Cpub_year %2Ccontributor%2Cpub_author;lc:MUST~2~2&mi=5&trs=11。

P.078　《華僑報》1979 年 12 月 20 日，第 4 版；1980 年 2 月 10 日，第 2 版。

P.079　（上圖、中圖）《華僑報》1981 年 2 月 1 日，第 3 版；1990 年 2 月 20 日，第 3 版。

P.079 （下圖）《華僑報》1983 年 6 月 24 日，第 3 版。

P.080 《華僑報》1979 年 6 月 3 日，第 4 版；澳門印務局，https://www.io.gov.mo/cn/entities/priv/rec/2539。

P.081 今日時事，https://www.cyberctm.com/zh_TW/news/detail/779801#google_vignette。

P.083 《華僑報》1983 年 7 月 31 日，第 11 版。

P.084 《澳門焦點報》，https://www.mcfocus.com.mo/news/view/5237。

P.086 “板營” Facebook，https://www.facebook.com/photo/?fbid=2409682369264159&set=a.2409675852598144 及 https://www.facebook.com/1779420882290314/photos/pb.100076109355728.-2207520000/2409678895931173/?type=3。

其餘圖片均由本書作者拍攝。